ULF ANNEL

Leckergemecker*

Mit Karikaturen von Nel

*Kulinärrische Gedichte

Impressum

© 2024 RhinoVerlag
Dr. Lutz Gebhardt & Söhne GmbH & Co. KG
Am Hang 27, 98693 Ilmenau
www.RhinoVerlag.de

Text: Ulf Annel
Illustrationen: Nel
Layout/Satz: Ute Schmidt
Druck und Verarbeitung: Print Best, Viljandi, Estland

1. Auflage 2024

ISBN 978-3-95560-883-5

Inhaltsverzeichnis

Neue Küchenlieder …

anstatt eines Vorworts

Früher bei des Volkes Festen,
zur Musik von Leierkästen,
sang man Moritatenlieder,
oft blutrünstig, manchmal bieder,

wie das Schicksal zugeschlagen,
manchen schlug es auf den Magen.
Andre sich ins Fäustchen lachten,
wenn die Feuer sich entfachten

oder Jungfern, unbescholten,
Männer sich ins Hause holten
zum „Braten-in-die-Röhre-Schieben",
in Sünde dann alleine blieben.

Küchenlieder alter Arten:
Weinend saß Marie im Garten.
Und Sabinchen, treu die Holde,
bis ein Schuster sie besohlte.

Moritaten sind verklungen,
tot die Sänger, die gesungen.

Aber quicklebendig ich
dichtend sitz am Küchentisch.

Die Dramatik wie in alten
Küchenliedern hochzuhalten,
kommt bei mir nur selten vor.
Triggerwarnung: Mit Humor!

KALTSCHALE

Allein

Wer alleine isst,
vergisst
seine gute Manieren
und frisst
den Frust in sich hinein.
Schmatzt wie ein Schwein
und merkt es kaum.
Rülpser hallen durch den Raum.

Darum: Vor dem Spiegel essen.
Nie wird man vergessen,
wie man Essen in den Schlund steckt –
man erschreckt.

Durch die Einsamkeiten aber kriecht
alles, was man hört und riecht.
Könnte man Gerüche spiegeln,
selber würde man sich prügeln.

Wer alleine isst,
der ist
ein Geräuschemacher.
Manchmal entfleucht ein Lacher.

Abnehmen

Beim Essen
sollte man
nicht vergessen:
Auf den Mund!
Essen rein in den Schlund
und
runterschlucken!
Wer das Schlucken stets vergisst,
ständig hungrig ist.
Aber ohne „Happs"
mit Abnehmen klappt's.

Kleine Moritat I

Der E-Herd brummt.
Die Hausfrau summt.
Der Mann sieht fern.
Das macht er gern.

Der Mann hört auf.
Ein letztes: „Schnauf!"
Sie kommt herein –
isst nun allein.

Anna am Küchentisch

Anna sitzt traurig am Küchentisch.
So tieftraurig, da helfen Flüche nich'.
Manchmal hilfts, ihr Fragen zu stellen,
die vielleicht ihre Stimmung aufhellen.

Weißt du, dass du in der Obstschale liegst?
Und mit Hilfe von Doping siegst?
Im Dschungel bildest du 'ne lange
Würgeschlange.
Du singst auf der Bühne. Tosender Applaus!
Langsam kriecht Anna aus ihrem Schneckenhaus
raus.

In der Schale, echt krass: Anna Nass!
Eine Anna Conda – oh Graus!
Im Stadion: Anna Bolika.
Anna Teffka im Opernhaus.

Annas Lachen siegt.
Die Traurigkeit verfliegt
augenblicklich.
Buchstabenspielen macht glücklich.

Beim Henßler-Grillen

Da kann man aus freiem Willen
vor dem TV Lebenszeit killen.
Man glotzt nur zu, Kosten geht nicht.
Währenddessen kann man nicht selber kochen,
versteht sich.
Koch-Shows gucken ist doch Betrug,
kulinärrischer Genussentzug.

Lieber für die Liebste kochen, gern was Tolles,
was geschmacklich Geheimnisvolles.
Vielleicht ein Aphrodisiakum –
hinterher kriegstse mal wieder rum.
Doch verstehse!?
Sie will wieder nur Spagetti bolognese.

Bärchenwurst

Wer Teddybären zu
Wurst zermüllert,
der gehört selber
in den Darm geknüllert.

GEÖFFNET AUCH FÜR DAS BREITE PUBLIKUM

Das Kellei

Sein Ei, das hat 'ne Delle,
'ne Delle hat sein Ei.
Da nahm er eine Kelle,
hinein der Eierbrei.

Die Kelle in das Wasser,
das kocht so heiß und gut,
das Ei gerinnt, so dass er
dann endlich hat den Mut,

an jenes Amt zu schreiben,
das registriert latent.
Ablehnen oder bleiben
der Nachwelt als Patent.

Groupies schrein und Kinder:
Hoch lebe der Erfinder!
Ein jeder Mensch nun kennt,
was man das Kellei nennt.

Das Küchen-Ü

Manchmal flücht ich aus der Küche
wegen übeler Gerüche,
reiß die Tür noch auf zum Lüften,
dass die Küche nicht nach Grüften,
sondern riecht nach Frühlingsdüften.

Jetzt kurz mal schnüffeln: So?
Riecht's nach Grüffelo.
Wenn es grüfflig müffelt,
werde ich gerüffelt.

Auch wenn's draußen wie aus Kübeln
schüttet, entfliehn die übeln
Nasenfolterflüche,
lässt man kühle Frischgerüche
hinein in die Gerücheküche.

Denn der Koch wird nicht gerügt,
zum Geruch Geschmack sich fügt.
Weil bei Thüringer Gerichten
alle gern auf Stunk verzichten.

Der Küchenherd

Der Herd steht einsam.
Er stünd gern gemeinsam
in der Großküche mit anderen Herden.
In einer Herdeherde möchte er sein.
Aber er steht – ganz allein.
Nichts mit Herde!
Merde!

Der Rauch

Nach B.B.

Die kleine Küche nur mit Dunstabzugshaube.
Vom Herd steigt Rauch.
Fehlte er,
wie lebendig dann wären
Mutter, Vater und Kind.

Der Thermomix

Der Thermomix,
der kocht heut nix.
Er ist ein Gerät,
das dumm rumsteht.

Doch wenn du ihm sagst,
was du so magst,
z. B.: Stell Erbsensuppe her!,
dann kocht er ein Meer.
Oder: Koch süßen Brei!
Dann reicht es für zwei.

Aber eine Süße-Brei-Wand zum Durchfressen
ins Schlaraffenland wird es nie.
Dazu fehlt dem Thermomix
die Phantasie.

Die schwäbische Hausfrau

Die schwäbische Hausfrau
hat einen Außenarbeiter.
Nur so kommt sie weiter.

Eiermagier

Wenn man ein rohes Ei in Essig legt,
vorsichtig hin und her bewegt,
und das etwas länger tut,
dann wird es gut.
Dann kann es glücken,
das Ei, ohne es zu zerdrücken,
durch einen Flaschenhals
zu schieben.
Alle werden dich lieben.

Das mit dem Hexerei
ist keine Hexerei.

Ein überlagertes Gehacktesbrot

Ein überlagertes Gehacktesbrot
macht Wangen rot,
führt zu Herzrasen
und frühem Tod.

VERBRAUCHERSCHUTZ

Ein altneues Wort

Plötzlich in des Dichters Denkbehältnis
ein Wort: Bratkartoffelverhältnis.
Im Duden steht es nicht mehr drin.
Wo ist es hin?
Das Wort ist fort.

Nach dem letzten großen Krieg
(hoffentlich war es der letzte)
waren Bratkartoffeln ein Sieg
der Hoffnung. Menschen wollten wieder
in Frieden essen und lieben.
Kein Verhältnis auf Dauer,
nur ein paar Stunden Wärme und Nähe
und einfache Gerichte.

Wer heute Bratkartoffeln isst,
denkt kaum an Geschichte.
Doch wer ein gutes Verhältnis
zur Bratkartoffelbraterin hat,
wird immer satt.
Essen und lieben. Die friedliche Welt is'
auch heute ein Bratkartoffelverhältnis.

Eintopf

Allerlei hinein
in des Topfes Schlund.
Brühe dazu und:
Was soll das sein?
Eintopf!

Vielerlei kommt da rein.
Dann müsste es ja Vielreintopf sein.
Nein, Eintopf, weil alles in einem Topf kocht.
Langweilig!
Suppe hab ich noch nie gemocht.

Fisch

Fisch in Stäbchenform und paniert,
dann essen das die Gören garantiert.
Wie? Manche machen da Ekelfratzen?
Dann einfach die Panade abkratzen.
Auf dem Teller liegt sogleich
schönes, weißes Schweinefleisch.

Fleisch oder Gemüse

Wenn es stinkt
wie an der Tanke,
kocht heut wohl der Autokranke.
Kocht die Fahrradfahrerin,
ist da doch mehr Frische drin.

Frau Gewalt und Herr Krieg

Frau Gewalt und Herr Krieg
lassen es gern krachen.
Sie fressen Blutwurst
und solche Sachen.
Höllenscharf!
Sie saugen Mark aus Knochen
und halten die Küche
der Nationen am Kochen.

Geschirrgedanken

Ist das Geschirr gespült
und runtergekühlt –
wie es sich dann fühlt?

Und ist es eingeräumt,
ist es dann aufgeräumt
und träumt?

Wovon?
Dass es jemand benutzt
und hässlich beschmutzt?
Ich wäre verdutzt,
wenn es am Ende
Worte fände.

Neulich klirrte im Schrank was Irres.
Ich hörte den Satz fast klar:
Die Würde des Geschirres
ist unantastbar.

IN DER HOME-OFFICE-KANTINE

Glocken-Küche

Nach Schillers Friedrich
kocht sich's gemütlich.
Manche Speisen waren,
ehrlich, wirklich wahr,
nach einmal ganze „Glocke"
auf den Punkt gar.
„Die Glocke", Schillers Langgedicht,
Kochzeit für so manch Gericht.

Wer würd heute so was wagen,
Zeit bestimmen mit „Glocke" aufsagen?
Die Speise blieb' roh.
Das ist die Lehre
aus der neuen deutschen
Bildungsmisere.

Henkersmahlzeit

Bei Henkers gibt es heute Fleisch,
aber nicht sogleich.
Der Henker müht am Fleisch sich, weil
er nicht geschärft das Hackebeil.
Drum gibt's nicht schön Geschnetzeltes,
sondern nur Gemetzeltes.

Idyll, leicht gestört

Der Geschirrspüler spült
grad nicht. Es ist fast still
in der Küche. Es schweigen
Thermomix und Müll.

Nur der Wein
will nicht stille sein.
Er atmet.
Ein. Aus. Ein. Aus.
Nie ist es ganz still im Haus.

Jochen

Ein Mann in der Küche.
Wir nennen ihn Jochen.
Und dieser Jochen
kann gar nicht kochen.
Gestern hat er's versucht:
Wir haben gebrochen.
Es hat übel gerochen.
Schlecht war uns
noch nach vielen Wochen.

Klischees

Suppe mit gehäckselten Möhren
für die Gören.
Gemüse gedünstet, leicht zu verdauen
für die Frauen.
Für Uroma Kartoffelbrei, stückchenfrei,
damit auch nichts zu kauen sei.
Und was gibt's für die Männer?
Fleisch vom Grill natürlich,
du Penner!

GRUPPENTHERAPIE

Kannibalenschmaus

Montags ein paar Wiener,
Frankfurter am nächsten Tag.
Hamburger am Mittwoch,
weil er auch Gemüse mag.

Donnerstags Braunschweiger.
Dann an Krakauer sich labend.
Thüringer verwurstet und
gegrillt am Samstagabend.

Sonntagmittag: Heiß und fettig!
Sonntag er besonders liebt,
weil es da bei Kannibalens
Menschenauflauf gibt.

Kein Wunder

Die Eieruhr
ist stur.
Sie tickt immer nur
genau 3 Minuten und 14 Sekunden,
dann wird geschellt.

Genau so hab ich sie eingestellt.

Kleine Moritat II

Frau Müllers Gatte
legte geistesabwesend seine Hand
auf die Herdplatte,
worauf eben noch was stand.

Groß war der Schmerz,
denn es brach sein Herz.
Und er brach zusammen.
Das brachte ihn um.
Er wurde im Krematorium
ein Raub der Flammen.

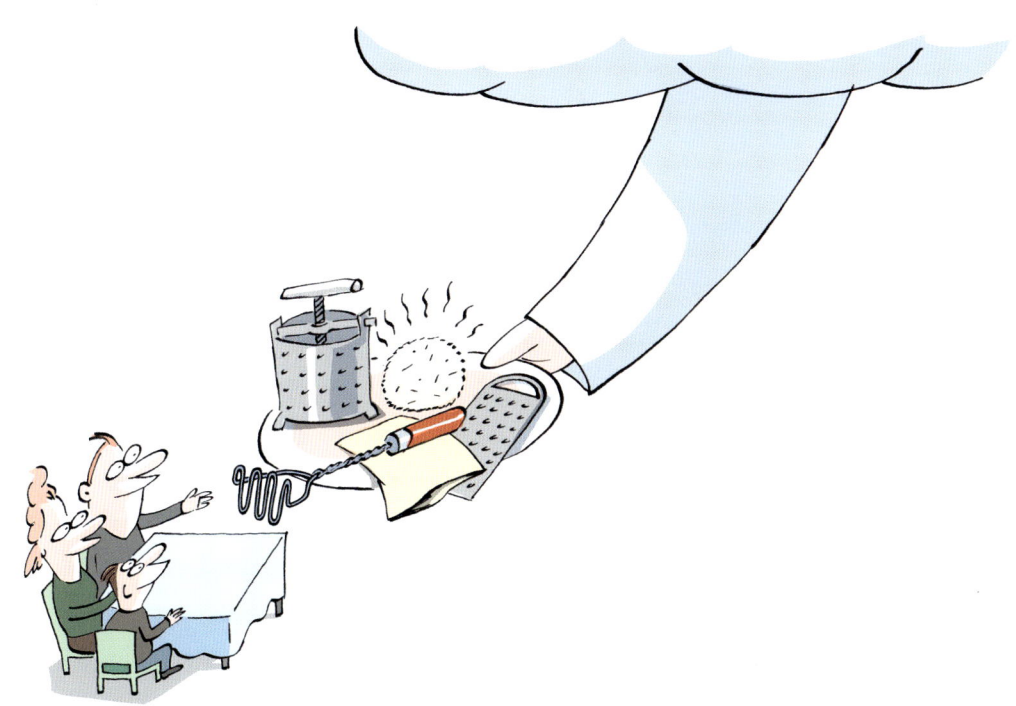

Kloß mit Soß'

Kloß mit Soß'
macht Kinder groß.
Zu viel Klöß' mit Söße –
da explodiert die Größe.
Jeden Tag zu viel, da geht es
Richtung Kinderdiabetes.

Eltern zum Kind

Sitz gerade!
Und iss den Teller leer!
Es ist ja nicht von ungefähr
das Wetter schlecht.
Fenster zu, hier zieht es wie Hechtsuppe!
Jetzt hör auf, mit dem Besteck auf dem Teller zu schaben.
Du sollst es einmal viel besser haben als wir.
Wie, das ist nicht schwer!?
Jetzt hör mal her, mein liebes Kind,
solange wir deine Eltern sind
und du deine Beine
unter unserem Tisch ausstreckst,
ist es besser, wenn du nicht aneckst.
Was, du willst so leben,
wie du willst? Ach, und wir sind dir
also nichts mehr wert.
Was ist an unserem Leben verkehrt?
Das war jetzt mies,
bitte, dann such dir doch dein Paradies,
du willst also weg. Richtung Garten Eden?
Da haben wir doch noch ein Wörtchen mitzureden,
mein Früchtchen, mein feines!

Wie, nur ein ganz kleines!?

Kost the Rost-Bratwurst

Für D. H.

Ob Frühling, Sommer, Herbst, ob Frost:
Schmeiß die Bratwurst auf den Rost!

Ob Sommer, Winter, Herbst, ob Lenz:
Am Rost stehn immer Bratwurst-Fans.

Herbst, Winter, Frühling, Sommerzeit:
Am Roste stehn wir stets bereit.

Ob Winter, Sommer, Lenz, ob Herbst:
Iss noch 'ne Bratwurst, eh du sterbst.

Thüringer Kindervers

Sonntagmittags nichts für Große?
Es gibt Nudeln mit Tomatensoße.

Lawinenretter

Mit spitzen Fingern anzufassen:
leere Töpfe, Kaffeetassen,
Gläser, Schüsseln und die olle
noch halbvolle Kaserolle.
Im Abwaschbecken Tellerstapel,
obendrauf 'ne Kuchengabel.
Alles schmutzig! Also putz ich?
Nein, dafür nutz ich
die Geschirrspülmaschine.
Die schafft jede berghohe
Geschirrschmutzlawine.

Mit vollem Munde

Mit vollem Munde spricht man nicht,
denn ist des Mundes Loch nicht dicht,
dann fliegen Bröckchen ins Gesicht
dem Gegenüber oder der Gegenüberin.
Ahnst du, warum ich ungern
Grits Gegenüber bin?

Küchengewalt

In der Küche
gibt's viel Gewalt.
Da macht zum Beispiel
den Hund man kalt.
Und Sahne und Eier werden geschlagen.
Nüsse geknackt,
Zwiebeln gehackt.
Wie Max und Moritz
unter Qualen
wird der Peffer in
der Mühle gemahlen.
Überbrüht wird der Tee
mit kochendem Wasser,
das tut doch weh.
Warum wird niemand eingelocht,
wenn er Vitamine totkocht?

Alle, die Küchenarbeit lieben,
sind doch echt aggressive Typen.

Liebe geht durch den Magen

Liebe geht durch den Magen,
hört man den Volksmund sagen.
Das ist schaurig schön,
durch heißt, sie muss weitergehn.
Schon im Magen wird das Essen,
auch die Liebe, angefressen.
Liebe oder Liebelei –
Magensaft macht sie zu Brei.
Was sich da im Dunklen regt,
wenn sie weiter sich bewegt?
Und Liebe ist es wirklich nicht,
wenn man von Aus-Scheidung spricht.

Also ändert den Spruch!
Schreit aus voller Lunge:
Liebe entscheidet sich auf der Zunge!
Allenfalls
geht die Liebe durch den Hals.

Das Mixer-Dilemma

Manche Männer sind mal tätig
in der Küche, und unflätig
schimpfen sie gereimt den Mixer
einen übelst krassen W…

Wenn jedoch in dem Moment
die Liebste in die Küche rennt,
Mann denkt: Wortverbot, verflixt!
Und hat das W-Wort rausgeixt.

Denn er weiß, es wird blamabel,
nutzt er diese W-Vokabel,
druckst herum, nennt dann mitunter
Mixer übelst krasse W…under.

Ist sie raus, wird noch gelächelt
und erleichtert Luft gefächelt.
Den Wichser wieder angeschaltet,
der mixend dann sein Tun entfaltet.

Rezept

Das Essen soll
sehr nobel sein.
Darum darf
kein Popel rein.

Kochlob

Sie verzeihen, wenn das zarte
Lob ich mit dem Worte starte,
das man tadelnd sagt,
wird die Nase sehr
von fremdem Pups geplagt.
Was Sie kochten, ich sag's kurz,
das war furz …

Ihr Essen so zu nennen,
wer wird denn da flennen?
Ich sage diesbezüglich:
Das Essen war furzüglich.

DIÄTEN: WAS WAR „VORHER" UND WAS „NACHER"?

Nahtod in der Küche

Das Fleisch stinkt
in der heimischen Kombüse.
Die Stimmung sinkt,
denn nun gibt's Gemüse.

Der Mann trinkt
ein ganzes Glas Wein.
Dann schläft er kurz vor dem Essen
glücklich ein.

Plötzlich und unerwartet
ins Bratwurstland gestartet.
Er wähnt sich träumend im Paradies.
Dann wird er geweckt.
Die Stimmung wird mies.

Vor ihm der Teller Minestrone
ganz ohne
Fleischeinlage.
Jeder Löffel Suppe
eine stumme Klage.

Natürlich

Alles auf der Welt geht natürlich zu.
Nur meine Hose geht natürlich nicht zu.
Heinz Erhardt

Gürtel enger schnallen,
gefällt nicht allen.
Fettabsaugen geht
schneller als Diät.
Nicht eilen, nicht hasten.
Lieber in Ruhe fasten.

Für manche ein einzigartiges
und völlig neues Erlebnis,
nicht immer mit nachhaltigem Ergebnis.

Rouladen ohne

Rouladen
ohne Faden
werden Rindfleischfladen.

Paradeiser

In Wien heißen Tomaten
Paradeiser. Mhm? Hatten
die im Paradies Tomaten?
Ich war nicht dabei,
ich kann nur raten:
Ob der Schlange Zahn
die Tomate der Erkenntnis angeritzt?
Ist bei Evas neugierigem Biss
Tomatensaft in Adams Auge gespritzt?
Und dann wegen einer Tomate aus
dem Paradies vertrieben?
Kaum zu glauben.
Aber vielleicht haben deswegen so viele
Menschen
Tomaten auf den Augen?

Schwabensache

Nach dem Wecken gibt's frische Wecken.
Was macht man vor Brötchen?
Liegt auf dem Tisch verschimmeltes Brot,
ist man wohl schon lange tot.
Aber Wecken kann man fröhlich
in Frühstücksmünder stecken.

RvG und Rumfortsuppe

Wenn ich in den Kühlschrank seh,
ruf ich: Heut gibt's RvG!
Reste von gestern aufgewärmt.
Gestern habe ich schon geschwärmt.

Doch wenn ich in den Kühlschrank seh:
Nirgendwo ein RvG.
Dann gibt es alles, was rumliegt
und fort muss, also Rumfortsuppe.
Gewürze sind wichtig. Rezept ist mir schnuppe.

Puddinggendern

In der Küche kann man gendern,
aber das wird nix dran ändern,
dass auch mit des Koches Grüßen
sich die Speisen erweisen müssen.

In die Töpfin Milchin rein,
dann die Herdin heizen.
Etwas Milchin in die Krügin
Zuckerin? Nicht geizen.

Puddingpulverin in Krügin.
In die Töpfin rühren,
Wenn die Topfinmilchin blubbert.
Dickerwerden spüren.

Schüsselnfülln für Kinderinnen.
Niemanden vergessen!
Und dann Schluss mit Gendern, denn:
Der Pudding erweist sich beim Essen.

Käseplatte

Auf der Käseplatte,
die ich einmal hatte,
war ein alter Hit.
Mein Lebensabschnittsgefährte
leerte,
als er ging,
nicht meine Schränke,
nahm nicht Geld,
nicht Ketten, nicht Ring,
ließ mir sogar seine Krawatte,
nahm nur die Platte
mit:

Käse rah, se rah,
wott ewwer will bie, will bie,
se fjutscha is not auers, tuh sieh.
Käse rah, se rah!

Spiegelei

Das Weiße am Rand
knusprig gebrannt.
Das Gelbe noch in Fluss,
so bringt es Genuss.

Sechs Mal Essig nacheinander

Selten ess ich Essig,
ess ich Essig,
ess ich Essig im Salat.
Geschnippelte Gurke,
dazu Öl und Dill,
dann ist der Salat genau so,
wie ich's will.
Oma Johanna brachte's mir bei,
weil's ein Familienrezept sei.
Sechs Mal Essig,
nie überfress ich
mich. Sie
vergess ich so nie.

Weg und Steg

In der Pfanne brutzelt ein Steak.
In der Sommersonne brutzelnd sitzt du auf einem Steg.
Manchmal gehen die Gedanken einen seltsamen Weg.

Vergiftet

Unter allen Tischen
Ist Ruh',
Und inzwischen
Spürest du
Den letzten Hauch;
Alle aßen dieselbe Suppe.
Über den Jordan huppe-
-st du auch.

Tischspruch

Warum rülpset und furzet ihr nicht?
Hat es euch nicht geschmecket?
So fragte Luther nach jedem Gericht.
Ob ich mir alle zehn Finger gelecket,
fragte Mutter, wenn ich bei Oma aß.
Und ich sagte immer: „Ja!" Aus Spaß.
Schau ich heut nach dem Essen erwartungsfroh,
sagen maulfaule Kinder: „Ging grad so."
Ich wünschte, sie würden rülpsen und einen lassen.
Zum Luthergedenken würde es passen.

Zucchini

Zucchini heißen Zukkini
und nicht Zuchini oder –
noch schlimmerer Quatsch –
Zutschini. Es heißt ja auch
Makkaroni und nicht Macheroni
oder Matscheroni. Obwohl:
Manchmal sind sie Matsch.

Todesticken

Was tickt da so
gefährlich?
Ich sage jetzt:
Ganz ehrlich,
dieses Ticken ist
entbehrlich!
Das tickt jetzt
schon so lange.
Das macht mir
Angst und Bange.
Ich denke: Bombe! Explosion!
Da ist er schon,
der Tod
im frühen Morgenrot.

Jetzt hat sich's ausgeklickt,
ich wär fast ausgetickt.
Doch plötzlich ist's vorbei.
Fertig gekocht
das Dreiminutenei.

Weinflasche

Weinflasche,
schräg und verbeult,
Weinflasche
ein wenig heult

Weinflasche
liegt etwas schief.
Schnief!

Weinflasche,
noch zu erwähnen,
ist gefüllt mit bittren Tränen.

Vier Vierzeiler

Machen wir heute Picknick im Winter?
Dann setzt euch, Kinder,
auf den Küchenfußboden. Das gefällt allen.
Es ist ja genug runtergefallen.

Ins Gras beißen,
wer kann das gebrauchen?
Wenn schon Gras,
dann lieber rauchen.

Ingmar mag Ingwer nicht. Nein!
Wenn Inga kocht, gibt's ein Ingwermalheur.
In diesem Fall hilft nichts, auch kein
Spezialwurzelverbindungsingwernieur.

Joni isst Äpfel und Möhren.
Er isst sogar Brokkoli und
ab und an Knochen, denn Joni
ist ein gesundheitsbewusster Hund.

Wenn Mutti früh …

(Der Generation Z gewidmet)

Wenn Mutti früh zur Arbeit geht,
dann bleibe ich daheim.
Den Arbeitsstress, den brauch ich nicht,
denn was kann schöner sein

als Work-Live-Balance hier im Bett.
Arbeit?!? So ein Shit!
Und was zu essen bringt mir ja
die Mutti nachher mit.

Wer kocht besser?

Vati hat gekocht.
Was setzt er uns vor?
Wir nehmen es zu uns
und zwar mit Humor.

Mutti hat gekocht.
Auch nicht viel besser.
Sie schimpft: Wir wären
so schlechte Esser.

Kinder sind eben doch
die besten Köche der Welt:
Wir haben beim Lieferdienst
Pizza bestellt.

Zwei ominöse Zeilen

Die zwei Zeilen gehören nicht
zu einem Gerichtgedicht.

VORRAT IST VORRAT

Allerletzter Küchenspruch
Nur für harte Realisten

Hackepeter
wird Kacke später.
Auch die Stracke
wird mal K…
Alles, was man kaut,
wird verdaut.
Es sollt uns beglücken,
dass wir hint'raus drücken.
Bliebe alles drin,
stünd die K… bald am Kinn,
also innen
drinnen.

Ob der Mensch noch küsste,
wenn er K… kotzen müsste?

NEL – Ioan Cozacu

1953 geboren, lebt in Erfurt, freischaffender Cartoonist und
Buchillustrator für verschiedene Verlage,
Mitarbeit an verschiedenen Zeitungen und Magazinen:
TLZ, WAZ, taz, Eulenspiegel, Cicero, Focus, stern.
Preisträger der „Rückblende" (Karikaturenpreis der Deutschen
Zeitungsverleger) und Sieger beim Deutschen Karikaturenpreis.
www.nelcartoons.de

Ulf Annel

Geboren 1955 in Erfurt. Früher Hang zu Humor und Satire,
der sich während des Journalistikstudiums in Leipzig verstärkte.
Seit 1981 Texter und Kabarettist beim Kabarett „Die Arche".
Er schrieb u. a. Bücher über Ringelnatz und Schiller
sowie „Die unglaubliche Geschichte Thüringens", Kurzkrimis,
Aphorismen, Gedichte, Zeitungskolumnen, außerdem kleine
Theaterstücke für Kinder und Jugendliche.
Fernseh- und Radio-Auftritte in ZDF, ARD, WDR, SDR,
MDR-kultur, MDR1-Radio Thüringen, SR.

Rhino Westentaschen-Bibiliothek

Format: 8 cm x 11,5 cm • 96 Seiten

Ulf Annel
Kreuz & quer gedacht
978-3-95560-058-7

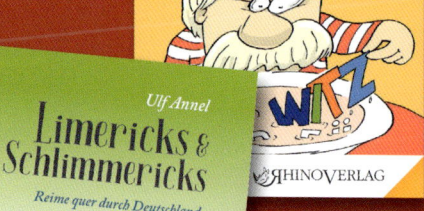

Ulf Annel
**Die deutsche Sprache
ist ein Witz**
978-3-95560-084-6

Ulf Annel
Limericks & Schlimmericks
978-3-95560-103-4